Thorsten Naeser

# Im Würmtal

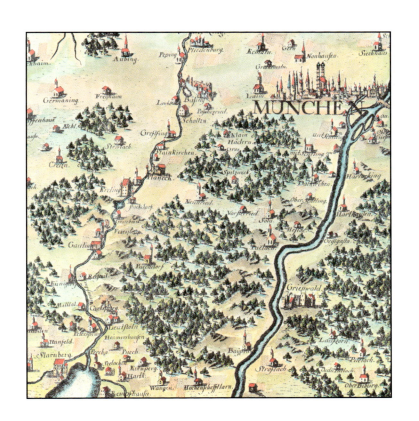

© 2008 Kulturverlag Starnberg, 82319 Starnberg
www.kulturverlag-starnberg.de

Alle Rechte, insbesondere das Recht der Vervielfältigung und Verbreitung, vorbehalten. Reproduktionen, Speicherung in Datenverarbeitungsanlagen, Wiedergabe auf elektronischen, fotomechanischen oder ähnlichen Wegen, Funk und Vortrag – auch auszugsweise – nur mit schriftlicher Genehmigung des Copyright-Inhabers.

Fotografie und Texte: Thorsten Naeser
Lektorat: Dr. Eva Dempewolf, Starnberg
Layoutkonzept und Umschlaggestaltung: Thorsten Naeser; www.geo-foto.de
Satz: Thorsten Naeser
Druck: bookwise gmbh, München

ISBN: 978-3-941167-16-2

Vorsatz: Ausschnitt der römischen Straßenkarte »Tabula Peutingeriana« mit Bratananium (Gauting) in der oberen Bildmitte
Nachsatz: Ausschnitt aus der »Tabula Peutingeriana« mit der Hauptstadt Rom am rechten Bildrand

Thorsten Naeser

# Im Würmtal

Ein Erbe der Gletscher im Wandel der Jahreszeiten

---

Naturfotografie und Kulturgeschichte

mit einem Vorwort von Dr. Ludwig Braun

**Für Annette**

*Das Höchste, wozu der Mensch gelangen kann,
ist das Erstaunen.*

Johann Wolfgang von Goethe (1749 bis 1832)

# Inhalt

Vorwort von Dr. Ludwig Braun .................................................................... 9
Unterwegs im Würmtal ................................................................................ 11

## Im Schnee ..................................................................................................... 13

Das Erbe der Gletscher .................................................................................. 17
Ein gewaltiger Fluss ...................................................................................... 22
Die Anfänge der Gletscherforschung ............................................................ 25

## Licht & Leben ............................................................................................. 31

Der Einzug der Pflanzen ............................................................................... 33
Die Besiedelung des Würmtals ..................................................................... 46
Die Römer an der Würm ............................................................................... 52
Die älteste Karte ........................................................................................... 56
Die Karlsburg ................................................................................................ 62
Kartograph aus Leidenschaft ........................................................................ 64
Am alten Bahnhof Mühltal ........................................................................... 72
Libellen – uralte Flugakrobaten .................................................................... 81
Kirchen und Kapellen ................................................................................... 84

## Farben ............................................................................................................ 89

Flug über die Würm ...................................................................................... 94

## Weiß ............................................................................................................... 113

Von der Quelle bis zur Mündung ................................................................. 120
Epochen ........................................................................................................ 124
Biographien .................................................................................................. 126
Kameraausstattung ....................................................................................... 127
Danksagung .................................................................................................. 128

Der Vernagtferner in den Österreichischen Alpen

Zur Kommision für Glaziologie:

Am Eis des Vernagtferners in den Österreichischen Alpen erforscht die Kommission für Glaziologie der Bayerischen Akademie der Wissenschaften die Auswirkungen des Klimawandels. Die Glaziologen unter der Leitung von Dr. Ludwig Braun erstellen jährliche Massenbilanzen und dokumentieren damit die Veränderungen des Gletschers.

Gletscher wie der Vernagtferner bieten über ihre Massenbilanz, also den winterlichen Zugwinn über Schnee und den sommerlichen Verlust über Schmelzwasser, einen hervorragenden Indikator für Veränderungen des globalen Klimas. Seit dem Ende der letzten Eiszeit sind die Gletscher Mitteleuropas kontinuierlich kleiner geworden. Der jährliche Verlust des Eises lässt befürchten, dass am Ende des 21. Jahrhunderts die Gletscher aus Mitteleuropa verschwunden sind.

Was heute vom »Aussterben« durch die Erwärmung des Klimas bedroht ist, formte noch vor rund 20 000 Jahren das Voralpenland. Damals reichten die Gletscher der Berge bis weit ins Tiefland. Dort hinterließ das Eis seine Spuren bis heute. Ein Relikt der einst gigantischen Gletscher ist auch das Würmtal südlich von München.

# Vorwort

Jedes Jahr verbringe ich mehrere Wochen auf einer Forschungsstation am Rand des Vernagtferners in den Österreichischen Alpen. Mit einem Team von Geowissenschaftlern der Kommission für Glaziologie, die bei der Bayerischen Akademie der Wissenschaften in München angesiedelt ist, erkunden und dokumentieren wir, wie dieser und andere Gletscher aufgrund der Klimaerwärmung dramatisch schrumpfen. Dabei sind wir aber auch immer wieder fasziniert von den gewaltigen Kräften, welche die Eismassen und die ins Tal stürzenden Schmelzwässer auf die karge Landschaft ausüben. Oft stehen wir am Rande des Gletschers oder am tosenden Gletscherbach und müssen unsere Winzigkeit erkennen.

Doch gerade die gewaltigsten Kräfte der Natur sind auch in der Lage, Schönes zu schaffen. Während der letzten Eiszeit, vor etwa 20 000 Jahren, waren es Alpengletscher wie der Vernagtferner, die das Tiefland überdeckten. Nach ihrem Zurückschmelzen hinterließen sie facettenreiche Formen in der Landschaft. Ein solches Kleinod ist zweifelsohne das Würmtal im Süden von München. In diese wunderbare Region führt uns Thorsten Naeser mit seinen Bildern behutsam ein.

Dass sich der Münchner Geograf gerade mit dieser Landschaft fotografisch beschäftigt hat, kommt nicht von ungefähr. Mit den Alpengletschern und speziell mit dem Vernagtferner hatte sich Thorsten Naeser schon während seines Studiums unter den Fittichen der Kommission für Glaziologie wissenschaftlich auseinandergesetzt. Sein Interesse an der Gletscherkunde ist heute noch ebenso groß wie zu seinen Studienzeiten, verlagert hat sich nur der Schwerpunkt seiner Aufmerksamkeit – von der Forschung hin zu einem fotografischen Ansatz.

Diesen Ansatz hat er nun zum ersten Mal in ein Buch umgesetzt. Mit seinem Bildband ist es ihm hervorragend gelungen, dem Würmtal einen gebührenden Platz als Erbe der Gletscher zukommen zu lassen. Ich wünsche allen Leserinnen und Lesern viel Freude beim Schwelgen in den ebenso eindrucks- wie stimmungsvollen Bildern.

**Dr. Ludwig Braun**

*Dr. Ludwig Braun ist Leiter der Kommission für Glaziologie der Bayerischen Akademie der Wissenschaften*

# Unterwegs im Würmtal

Es ist kurz vor Sonnenuntergang. Das letzte Licht dringt bis auf den Waldboden. Kurz zuvor hat es noch geregnet, die letzten Tropfen fallen von den Bäumen. Daneben höre ich das Wasser der Würm. Eigentlich wollte ich schon lange auf dem Rückweg nach München sein. Doch die Ruhe des Waldes und das gurgelnde Wasser im Fluss halten mich noch im Tal, auf der Suche nach Motiven.

Der Boden hat eine seltsame Farbe. Er ist grün. Normalerweise liegen dort im Sommer und im Herbst nur verwelkte, braune Blätter, oder im Winter weißer Schnee. Vor zwei Tagen sind jedoch kräftige Sommergewitter über das Voralpenland gezogen. Sie haben unzählige Zweige und Äste von den Bäumen gerissen, die nun den Waldboden bedecken – ein seltsam anmutendes Szenario. Bei dieser Gelegenheit entstand das Foto auf der gegenüberliegenden Seite.

Im Würmtal wechseln die Lichtstimmungen nahezu jede Minute. Ununterbrochen bieten sich neue Motive und Blickwinkel. Fällt ein Lichtstrahl zunächst nur auf ein einziges Blatt, wird im folgenden Moment vielleicht schon ein kompletter Ast beleuchtet. Kurz darauf liegt dann die ganze Szene wieder im Schatten. Mit dem Wasser verhält es sich ähnlich: Die Wellen ändern ständig ihre Farbe, je nachdem, wie die Sonnenstrahlen das mehr oder weniger dichte Blattwerk der Bäume durchdringen.

Die Natur unterliegt ständigem Wandel. Im Frühling tragen die Bäume zartes Grün, an heißen Sommertagen schwirren die Libellen um Seerosen in den Tümpeln. Im Herbst ist die Auswahl unter den farbenprächtigen Motiven, die die mächtigen Laubbäume bieten, besonders groß. Doch auch die monchromen Töne des Winters üben ihren speziellen Reiz aus. Der Wechsel der Jahreszeiten, den auch dieser Bildband zum Thema hat, verleiht dem Würmtal bei jedem Besuch ein neues, spannendes Erscheinungsbild. Für jeden Naturfotografen ist so eine Region ein Paradies, und das unmittelbar vor den Toren Münchens.

Neben der wunderschönen Natur bietet diese Region eine reiche Kulturgeschichte. Von den Kelten über die Römer bis hin zu den Wittelsbachern reichen die Spuren, die man heute noch findet. Und es lohnt sich, dieses Erbe unserer Vorfahren zu erkunden.

Das Würmtal wird seit Anfang des 20. Jahrhunderts als Naherholungsgebiet genutzt. Dennoch gibt es zahlreiche Orte, an denen man Ruhe genießen und die Seele baumeln lassen kann. Wenn man sich Zeit nimmt und genau hinsieht, überrascht die Natur an vielen Plätzen mit kleinen Details – am Wasser oder in den Wäldern. Den Blick dafür würde ich mit diesem Buch gerne schärfen.

**Thorsten Naeser**

# Im Schnee

*Ich nehme an, dass die Temperaturen der Erde große Schwankungen erlitten haben,
welche sich mehrfach in der Erdgeschichte wiederholt haben; dass die größte Kälte immer
am Ende der geologischen Perioden eingetreten ist.*

Louis Agassiz, 1841
schweizerisch-amerikanischer Zoologe, Paläontologe und Geologe,
aus dem Buch »Untersuchungen über die Gletscher«

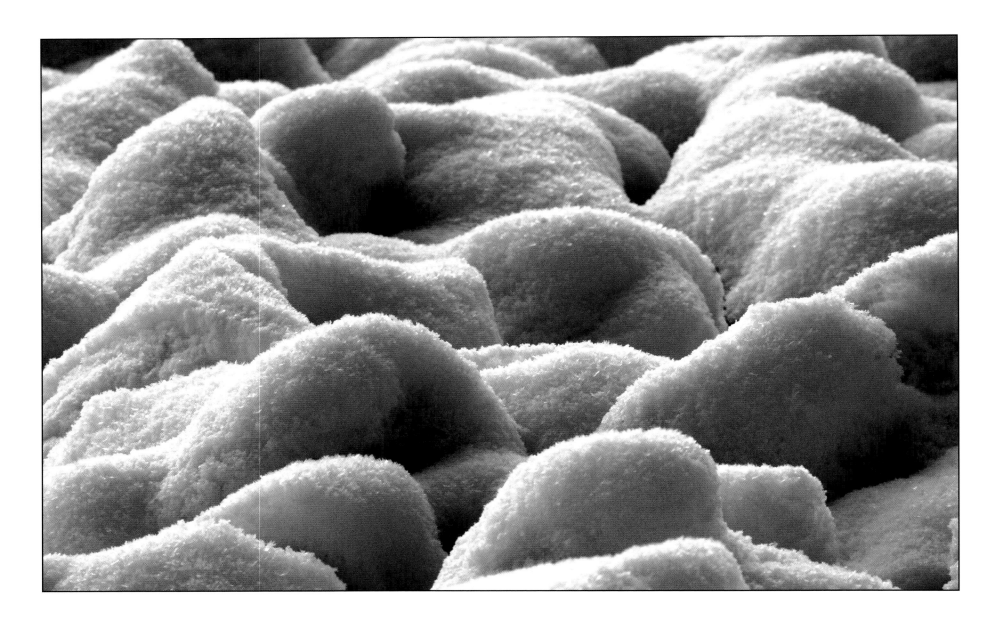

# Das Erbe der Gletscher

Vor 115 000 Jahren veränderte sich das Landschaftsbild in Mitteleuropa drastisch. Die letzte Eiszeit begann. Mächtige Gletscher wälzten sich von den Alpen her in Richtung Norden. Sie schoben gewaltige Mengen an Geröll und Gesteinsschutt vor sich her. Einer der größten Eis-Ausläufer, der Isarvorlandgletscher, kam nördlich des heutigen Leutstetten endgültig zum Stillstand.

Erst vor rund 20 000 Jahren erwärmte sich das Klima in Mitteleuropa wieder, um durchschnittlich fünf Grad Celsius. Die Gletscher schmolzen und verschwanden schließlich vollständig aus dem Alpenvorland. Wo sich einst die gewaltigen Gletscherzungen befunden hatten, blieben tief in die Landschaft eingeschnittene Becken, die sich schnell mit Schmelzwasser füllten. So entstand unter anderem der weithin bekannte Starnberger See.

Schon kurz nachdem die Eismassen des Isarvorlandgletschers verschwunden waren, lag die Wasseroberfläche des Sees rund 20 Meter über dem heutigen Niveau. Das Gewässer reichte bis zum Moränenwall oberhalb von Leutstetten.

Doch die aufgestauten Schuttberge, die sogenannten Moränen, die die Gletscher ins Vorland geschoben hatten, hielten dem Druck der großen Wassermassen nicht Stand. An zwei Stellen brach der natürliche Damm: beim Dorf Wangen und bei Leutstetten im heutigen Würmtal.

Unaufhaltsam bahnten sich die Wassermassen ihren Weg in die tiefergelegenen, nördlichen Regionen. Die Urwürm war entstanden. Sie ergoss sich bis in die Münchner Ebene hinein und transportierte dabei gewaltige Mengen an Schotter und Geröll mit sich in Richtung Norden.

# Ein gewaltiger Fluss

Die Dimensionen der Würm am Ende der Eiszeit waren gewaltig. In Ost-West-Ausrichtung war das Flussbett bei der heutigen Reismühle etwa 1,5 Kilometer breit und bei Gauting noch etwa 1,2 Kilometer. Allerdings floss nicht überall in diesem Bett Wasser. Einzelne Ströme zogen sich durch das Areal, ähnlich einem engmaschig verflochtenen Netz. Zwischen den sich ständig verlagernden Wasserläufen lagen gewaltige Kiesbänke. Vegetation gab es kaum.

Heute ist die Würm der einzige Abfluss des Starnberger Sees. Im Vergleich zu damals ist sie ein ruhiges Gewässer, das kaum Wasserstandsschwankungen unterliegt. Das hängt nicht zuletzt mit dem Starnberger See zusammen, der nur ein verhältnismäßig kleines Einzugsgebiet hat und jedes Hochwasser abpuffert. So entlässt er stets eine gleichmäßige Menge Wasser nach Norden in die Würm.

Das canyonähnliche Durchbruchstal der Würm entstand in einer relativ kurzen Zeit. Gerade einmal rund drei Meter fällt der Fluss im Würmtal auf einem Kilometer Länge ab. Dieses Gefälle genügte den Wassermassen jedoch, um sich schnell einzugraben in die Wälle der Gletschermoränen. Heute hat die Würm das obere Mühltal, in der Nähe von Leutstetten, bis zu 50 Meter tief eingeschnitten.

Nachdem die Würm die Talenge verlassen hat, schlängelt sie sich noch rund 35 Kilometer durch das Voralpenland, bevor sie schließlich bei Dachau in die Amper mündet. Die Amper wiederum fließt bei Moosburg in die Isar.

Die Bezeichnung Würm entstammt einer vorkeltischen alteuropäischen Sprache. Sie beschreibt den Ausfluss des Starnberger Sees als »wirminia«, was soviel bedeutet wie »die Schnellströmende« oder »treibender rascher Fluss«.

# Die Anfänge der Gletscherforschung

Dass es in der Vergangenheit Eiszeiten gegeben haben muss, bei denen mächtige Gletscher das Landschaftsbild formten, konnte erstmals Albecht Penck (1858 – 1945) wissenschaftlich belegen. Zwischen 1881 und 1889 entdeckte der Kartograph bei der Arbeit für sein Werk »Geologie in Bayern«, dass es im Quartär, also in den letzten 2,4 Millionen Jahren, mindestens sieben Eiszeiten und damit Vorlandvergletscherungen gegeben haben muss.

Um Ordnung in die vielfältigen Hinterlassenschaften der Gletscher zu bringen, entwickelte Penck das Modell der glazialen Serie. Eine glaziale Serie umfasst das Zungenbecken, in der der Gletscher lag. Darauf folgen im Vorland des Gletschers die hohen Jungmoränenwälle, also die letzten Ablagerungen des Eises. Daran wiederum schließen sich die Altmoränenwälle an, die frühere Gletscherzungen auftürmten und die schon verflacht sind. Und schließlich folgen die Schotterfelder, die das abfließende Schmelzwasser in die Ebene verteilt hat. Auf einem solchen Schotterfeld ist München erbaut.

Nach Albrecht Penck hat in Oberbayern vor allem der Glaziologe Carl Troll (1899 – 1975) die Geomorphologie der glazialen Ablagerungen untersucht. Er konnte erstmals zeigen, dass sich die Würm sukzessive eingetieft hat in die Schotterfelder vor den ehemaligen Gletschern. Troll bezeichnete diese Eintiefung als »Trompetental«.

Trompetentäler wie das Würmtal südlich von Gauting liegen in ineinander verschachtelten, nacheiszeitlichen Schwemmkegeln. In solche Täler schnitten sich die Flüsse mäandrierend ein und erweiterten sie in Fließrichtung trichterförmig.

*In der That findet sich ununterbrochen auf dem nordalpinen Vorlande eine wahre Fülle der prächtigsten Glacialgebilde. Die einzeln aus den Thälern der nordalpinen und oberbayerischen Alpen hervorquellenden Eisströme müssen also, nachdem sie im Gebirge bereits vielfach miteinander zusammengetroffen, sich am Fusse derselben auf der Hochebene zu einer einheitlichen Masse aus Eis vereint haben. Bei ihrem Austritte aus den Alpenthälern breiteten sie sich anfänglich fächerförmig aus, bis sie sich trafen und miteinander verschmolzen.*

Albrecht Penck, 1882
Privatdozent an der königl. bayerischen L. M. Universität München,
aus dem Buch: »Vergletscherung der Deutschen Alpen«

*Die großen Seen Südbayerns sind nichts als wassererfüllte Depressionen in Gletschergebieten. In vielen Fällen aber ist die Umwallung einer solchen Depression zerstört, ein Abfluss hat dieselbe durchbrochen.*

Albrecht Penck, 1882
Privatdozent an der königl. bayerischen L. M. Universität München,
aus dem Buch: »Vergletscherung der Deutschen Alpen«

# Licht & Leben

# Der Einzug der Pflanzen

Nachdem die Gletscher um 11 000 vor Christus aus dem Alpenvorland verschwunden waren, dominierte rund um das Würmtal lange Zeit eine tundren- und steppenähnliche Vegetation.

Bis etwa 8000 v. Chr. wanderten in das karge Land Kiefern und Birken ein. Um 9000 bis etwa 6000 v. Chr. gesellten sich dann Hasel, Eiche und Fichte dazu. In den höheren Lagen entstanden fichtenreiche Wälder, in den tieferen Lagen siedelten sich Eichen an. Kurz nach 5000 v. Chr. hielten dann die Buchen Einzug und verdrängten vor allem die haselreichen Eichenwälder in einigen Bereichen nahezu vollständig. Am Rande von Buchenwäldern siedelten sich schließlich die Menschen bevorzugt an. Um das Jahr 1800 forstete man dann die Wälder mit Fichten auf.

Dass man heute so genau Bescheid weiß über die Besiedelungsgeschichte der Pflanzen, ist der Wissenschaft der Pollenanalyse zu verdanken. Dabei werten Archäobotaniker Partikel von fossilem Blütenstaub aus. Unter Luftabschluss bleiben Pollen wie zum Beispiel die von Prunkwinde Nachtkerze oder Rizinus (kleines Foto) über Jahrtausende erhalten. Solch günstige Bedingungen herrschen im Leutstettener Moos. Aber auch in den Ablagerungen am Grund von Gewässern wie dem Starnberger See bleiben Pollen lange Zeit erhalten.

Pollenanalysen der Pflanzen in der Region haben gezeigt, dass das obere Würmtal seit der Jungsteinzeit vor mehr als 5000 Jahren permanent besiedelt war und dass die Menschen dort schon in sehr frühen Zeiten Ackerbau betrieben.

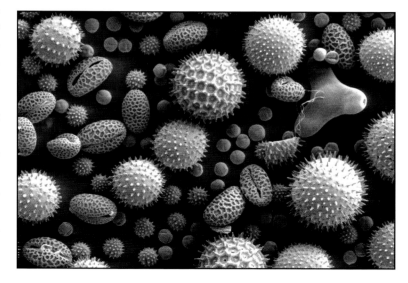

*Die Flüsse vermögen sich in eine feste Unterlage einzuschneiden,
zu erodieren. Die Abreibung wirkt wie eine Feile oder Raspel
auf einem Brette, die Flüsse arbeiten wie eine Säge.*

Albrecht Penck, 1884
Privatdozent an der königl. bayerischen
L. M. Universität München
aus dem Buch:
»Die Morphologie der Erdoberfläche«

# Die Besiedelung des Würmtals

Erste Hinweise auf die Anwesenheit von Menschen im Würmtal datieren aus dem fünften vorchristlichen Jahrtausend. Das zeigen die Pollenfunde aus dem Leutstettener Moos. Die frühesten direkten Belege auf feste Behausungen im oberen Würmtal gehen indes zurück auf die Bronzezeit (etwa 1800 v. Chr. – 1200 v. Chr.). Die beliebtesten Wohnplätze lagen naturgemäß in der Nähe von Wasser und fruchtbarem Boden. Die Menschen lebten bereits in ausgedehnten, landwirtschaftlich geprägten Siedlungen. Darauf deuten zahlreiche Entdeckungen hin, die man etwas weiter nördlich, in der Münchner Schotterebene, machte.

Ab etwa 800 v. Chr. beginnt die Hallstattzeit und damit die Epoche der Kelten. Die ersten Zeugen dieser Kultur im Würmtal sind markante Grabhügel, deren Ursprung in die späte Bronzezeit zurückreicht. Das bislang größte bekannte keltische Siedlungsareal lag südlich von Gauting, im Reismühler Feld. An seinem östlichen Rand, nahe der Würm, fand man zudem zwei Aschenaltäre, an denen die Kelten ihren Gottheiten Opfertiere darbrachten. Das Fleisch wurde verzehrt, die Knochen anschließend verbrannt.

Aus spätkeltischer Zeit (zweites bis erstes Jahrhundert v. Chr.) stammt schließlich die sehr gut erhaltene Viereckschanze bei Buchendorf. Archäologen sahen in solchen Anlagen bis in die achtziger Jahre des letzten Jahrhunderts Kultplätze. Ausgrabungen haben jedoch gezeigt, dass in ihrem Inneren oft mehrere Gebäude standen. So werden die Keltenschanzen heute als herausgehobene Siedlungsplätze angesehen, zu denen häufig große, unbefestigte Behausungen gehörten. Die Buchendorfer Viereckschanze weist die typischen, fast quadratischen Formen mit einem Tor auf. Ihre Wälle sind noch heute etwa 2,5 Meter hoch und erstrecken sich über rund 110 Meter.

Nach den Kelten ließen sich Anfang des ersten nachchristlichen Jahrhunderts schließlich die Römer bei Gauting dauerhaft nieder. Sie nannten ihre größte Siedlung Bratananium und bauten sie kontinuierlich immer weiter aus.

Tonkrug aus Bratananium

# Die Römer an der Würm

Um das Jahr 70 v. Chr. erkannten die Römer die strategische Bedeutung der Gegend um das heutige Gauting, das damals Bratananium hieß. Bratananium lag am Kreuzungspunkt zweier bedeutender Straßen: Die eine führte von Salzburg nach Kempten, die andere von Augsburg nach Salzburg. So errichtete man hier eine Straßenstation, die vor allem die Versorgung von Soldaten, aber auch von Reisenden sichern sollte. Im Laufe der Jahrzehnte ließen sich Händler und Handwerker rund um die Station nieder. Bratananium entwickelte sich zu einem Vicus, also zu einer bedeutenderen Siedlung. Zudem entstanden vermutlich rund um die Ortschaft neue Gutshöfe, die so genannten Villae rusticae. Waren und Lebensmittel, die die Gutsbesitzer nicht selber verwendeten, lieferten sie zum Verkauf nach Bratananium.

# Ein Gutshof für einen römischen Veteranen

An einem lichten Waldrand südlich von Leutstetten endet ein Wanderweg direkt an der dortigen Villa rustica. Ein vitrinenartiger Schutzbau mit moderner Glasarchitektur empfängt den Besucher auf einem Hügel.

Der Blick schweift über die leicht gewellte Landschaft, die angrenzenden Äcker und das Feuchtgebiet der Würm. Am Abend fällt die Sonne schräg ein in das kleine, ebenerdige Museum und beleuchtet die steinernen Überreste eines Gebäudes. Die rekonstruierten Grundmauern zeugen von dem römischen Gutshof, der hier vor knapp 2000 Jahren stand.

Gebaut wurde das Landhaus am oberen Flusslauf der Würm vermutlich zu Beginn des zweiten Jahrhunderts nach Christus. Das Hauptgebäude war rund 25 Meter lang und bis zu 14 Meter breit. Das Dach bestand aus Ziegeln, die Fenster dürften verglast gewesen sein.

Besitzer und wahrscheinlich Erbauer der Villa waren Publius Iulius Pintamus und seine Frau Popeia. Pintamus war Veteran einer kleinen Reitereinheit. Nach seiner Entlassung um 100 n.Chr. verschlug es ihn wohl in die Nähe des heutigen Gauting, in die römische Provinz Rätien. Dort dürfte er Popeia kennengelernt haben.

Diese Geschichte rekonstruierten Archäologen anhand eines Grabsteines, den Popeia ihrem Mann errichten ließ. Man fand ihn mit der römischen Inschrift als Baustein des Altars in der heutigen Kirche St. Alto in Leutstetten.

# Schätze aus dem Brunnen der Villa rustica

Übrig geblieben von der Bausubstanz der Villa rustica ist u.a. die Fußbodenheizung (lat. »hypocaustum«). Die Römer waren wärmeliebend und exportierten ihre Heizungstechnik in die Provinzen. Dabei war die Fußbodenheizung eine Erfindung, die sich bis in die Moderne bewährt hat.

Bei den Ausgrabungen kamen auch zahlreiche kleinere Fundstücke zu Tage, die Aufschluss über das Leben der Bewohner geben. Dazu gehört eine Gürtelschnalle (kleines Foto). Aus dem Brunnen barg man eine fast unbenützte Schale (Terra Sigillata), wie sie nur an wenigen Orten des römischen Reichs angefertigt wurden. Die Schale ist mit dem Namen Cinnamus versehen, einer Töpferwerkstatt aus Lezoux bei Clermont-Ferrant, am östlichen Rand des französischen Zentralmassivs. Heute weiß man, dass dieser Hersteller zwischen 150 und 180 nach Christus tätig war.

Ein weiterer seltener Fund war ein kleines Schreibtäfelchen. Da solche aus organischem Material bestehen, zersetzen sie sich relativ schnell. Lediglich unter feuchten Bedingungen bleiben sie erhalten. Das hier geborgene Täfelchen ist aus Fichtenholzplatten gefertigt, die in einem Rahmen vertieft und mit Wachs gefüllt wurden. Man schrieb mit einem Metallstift (lat. »stilus«). Dieser war vorne spitz und hinten abgeflacht. So konnten nicht mehr benötigte Texte einfach »ausradiert« werden.

Bemerkenswert war auch der Fund von zwei Schlüsseln. Die antiken Schlösser waren keine Drehschlösser, sondern hatten einen Schiebmechanismus. Man steckte den Schlüssel in ein Schlüsselloch und verschob ihn anschließend seitlich. Das Prinzip des Bartes war damals jedoch bereits das gleiche wie heute: Passte er nicht, blieb die Türe verschlossen. Daneben fanden die Archäologen rund um die Villa rustica zahlreiche Keramikfragmente und Holzreste, die bei der Datierung des Gebäudes halfen. Die Tierkochen gaben zudem Auskunft darüber, wie sich die Bewohner ernährten bzw. welche Haustiere sie hielten. Als Hauptnahrungslieferanten dienten Schweine, Schafe und Ziegen. Rinder wurden als Zugtiere eingesetzt, Pferde vor allem zum Reiten.

Terra-Sigillata-Schüssel, gefunden bei der Villa rustica

# Die älteste Karte

Die älteste Erwähnung eines Ortes im oberen Würmtal ist auf der sogenannten Tabula Peutingeriana zu finden, einer nicht maßstabsgetreuen Straßenkarte aus dem 13. Jahrhundert.

Der Pergamentstreifen ist rund 6,75 Meter lang und 34 Zentimeter breit. Bei der Straßenkarte von Konrad Miller aus den Jahren 1887/1888 (großes Foto) handelt es sich lediglich um eine weitere Kopie des Originals aus der zweiten Hälfte des vierten Jahrhunderts. Diese römische Karte enthielt eine graphische Darstellung der damals bekannten Welt, in der die Straßen als Verbindungslinien zwischen einzelnen Etappenorten eingetragen waren. Der unbekannte Autor wollte nach dem Vorbild antiker Weltkarten eine einheitliche Darstellung der Terra habitabilis, also der bekannten Welt, des vierten Jahrhunderts geben.

In zwölf Segmenten stellt die Tabula Peutingeriana Europa, Nordafrika und Indien dar. In Segment IV ist auf einem Straßenzug im oberen Mittelteil der Name »Bratananio« vermerkt, ein Hinweis auf das römische Gauting.

# Die Karlsburg

Im 12. und 13. Jahrhundert erhob sich über dem Würmtal eine mächtige Ringburg mit sieben Türmen. Mit dem »Castro Karlsberch« setzte das Herrschergeschlecht der Wittelsbacher einen weithin sichtbaren Vorposten an die damalige Grenze zum Machtbereich der Grafen von Andechs.

Doch lange diente die Burg auf einem der höchsten Hänge des Würm-Durchbruchtals nicht als Verteidungsanlage: Im Jahr 1246 zerstörten die Wittelsbacher das »Castrum Starnberch« der Grafen von Andechs. Zur Sicherung ihrer Machtansprüche benutzten sie fortan die Burg Fußberg bei Gauting sowie das im 15. Jahrhundert neu erbaute Schloss Starnberg. Die Karlsburg wurde somit überflüssig und verfiel im ausgehenden Mittelalter.

Die Entdeckung der Ruinen begann um 1817. Etwa zu gleicher Zeit hieß es in einem Reiseführer für Kurgäste des neuen Heilbades Petersbrunn: »Oben auf der Bergplatte sind Ruinen zierlich angebracht und eine Pyramide mit dem Andenken Carl des Grossen gewidmet ... erst vor einem Viertel Jahrhundert wurde der letzte Rest eines Portals des Schlosses abgebrochen ... ein Fünftel von der Rundung eines Turmes ist noch sichtbar, so wie der dreyfache Umzug der Gräben.«

Ob Karl der Große wirklich im Würmtal gezeugt und geboren wurde, ist bis heute nicht geklärt. Die Sage, die den römisch-deutschen Kaiser mit dem Würmtal verbindet, basiert auf zwei Chroniken des 15. Jahrhunderts aus dem Kloster Weihenstephan und dem Kloster Seeon. Einhard, der Chronist Karls des Großen, dagegen schweigt sich zu diesem Thema geflissentlich aus.

Im 16. Jahrhundert übernahm der Geschichtsschreiber Johannes Aventin die Volkssagen, in denen Karl der Große auftaucht. Diese sprachen von einer »Wildnis zwischen Mühltal und Weihenstephan als Geburtsort«. Und so kam auch schnell die Reismühle bei Gauting ins Spiel.

Aventin blieb jedoch bei dem Karlsberg: »Kaiser Karl ist geboren worden, als man zählet nach Christi Geburt siebenhundertundzweiundvierzig Jahre zu Karlsberg auf dem Schloss am Wirmsee, drei Meilen oberhalb München.«

Die Ruinen auf dem Karlsberg verfielen nach ihrer Entdeckung fast gänzlich. Im Jahr 1914 fand man auf dem Karlsberg Ornamentsteine, die wohl der merowingisch-karolongischen Zeit zugeordnet werden können. Sie ließen die Erinnerungen an Karl den Großen noch einmal aufleben.

Heute sind auf dem Karlsberg nur noch wenige Überreste des alten Gemäuers zu sehen. Das Plateau ist mit Laubbäumen bewachsen, die im Herbst in allen Rottönen leuchten. Man muss schon sehr genau hinsehen, um unter den mächtigen Stämmen der Bäume das einstige Gemäuer zu entdecken.

Mühle am Karlsberg

Vermeintlich letzte Überreste der Karlsburg

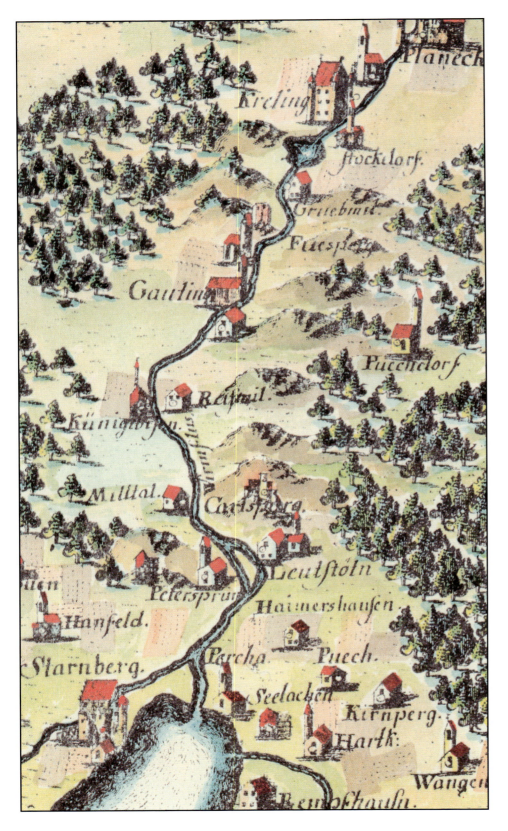

# Kartograph aus Leidenschaft

Im Jahr 1554 erteilte Herzog Albrecht V. von Bayern dem damals bereits angesehenen Mathematiker und Geographen Philipp Apian (1531 – 1589) den Auftrag, Bayern kartographisch zu erfassen. Sieben Jahre lang bereiste dieser daraufhin seine Heimat. Er stieg auf Kirchtürme und Berge und vermaß die Region mit Instrumenten und Methoden, die großenteils sein Vater und er selbst entwickelt hatten.

Apian notierte alles, was ihm von Siedlungen und Landschaft erwähnenswert erschien. Anschließend erstellte er eine fünf mal fünf Meter große Karte im Maßstab 1:45 000, die von dem Münchener Maler Bartel Refinger mit Farben »gar lieblich ausgestrichen« wurde. Im Jahr 1563 war das Werk vollendet und wurde als Prunkstück in der Bibliothek der Residenz aufgehängt. Herzog Albrecht war so angetan, dass er Apian zeitlebens 150 Gulden jährlich zahlte. Doch das Kunstwerk des berühmten Vermessers sollte nicht lange Bestand haben. Schon kurz nach ihrer Übergabe an den Herzog fiel die Karte einem Brand zum Opfer.

In weiser Voraussicht hatte Philipp Apian jedoch 24 einzelne Holzschnitte der großen Karte im kleineren Maßstab 1:44 000 anfertigen lassen. Der Zeichner Jost Amman schmückte sie mit Ornamentumrahmung und Wappen und Schmuckbuchstaben kunstvoll aus. Auf einem der Holzschnitte sind auch der Starnberger See, der damals noch Wirmsee hieß, und das im Norden angrenzende Würmtal verzeichnet. Ebenso ist auch die Karlsburg im Mühltal als Ruine vermerkt.

Apian vervielfältigte das Werk als Kartensatz. Rund 200 Jahre blieben die Aufzeichnungen Apians offizielles Kartenwerk Bayerns. Die Genauigkeit der Vermessungsarbeit des Kartographen wurde erst im 19. Jahrhundert übertroffen.

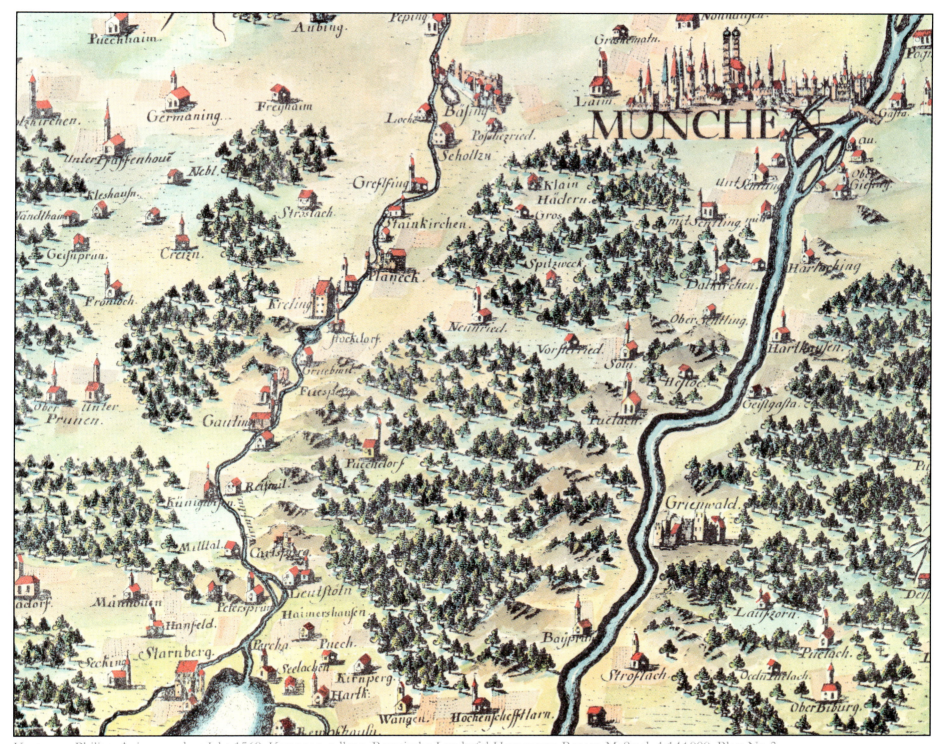

Karte von Philipp Apian aus dem Jahr 1568; Kartengrundlage: Bayerische Landtafel Herzogtum Bayern Maßstab 1:144 000, Blatt Nr. 3
Landesamt für Vermessung und Geoinformation 2008

*Als nun die Alpen gehoben worden waren, erwärmte sich die Erdoberfläche von neuem; beim Schmelzen des Eises entstanden große Vertiefungen da, wo die Kruste am dünnsten war; Erosionsthäler wurden da in den Boden eingegraben, wo am Grunde der Spalten die Ströme schmelzenden Eises zwischen ihren gefrorenen Wänden dahinflossen, und das Eis weggeschmolzen war, blieben die großen eckigen Blöcke an Ort und Stelle auf der Geröll- und Sandschicht, über welche früher die Eisdecke sich hinbewegt hatte, zurück.*

Louis Agassiz, 1841
schweizerisch-amerikanischer Zoologe, Paläontologe und Geologe,
aus dem Buch »Untersuchungen über die Gletscher«

# Am alten Bahnhof Mühltal

Am alten Bahnhof Mühltal erobert sich die Natur langsam zurück, was man ihr einst genommen hat. Aus den Ritzen des Kopfsteinpflasters wachsen Pflanzen, Efeu rankt sich um stählerne und teilweise schon verrostete Bahnanlagen.

Seit die Züge nicht mehr im Mühltal halten, ist der Bahnhof zu einem Denkmal vergangener Zeiten geworden. Denn das Empfangsgebäude blieb seit seiner Eröffnung 1854 fast unverändert erhalten. Der Eisenbahnhalt war von der Generaldirektion der königlichen bayerischen Verkehrsanstalten vor allem für die Bewohner von Leutstetten erbaut worden. Das von dem »Millibauern« Ludwig III. von Bayern errichtete landwirtschaftliche Mustergut Leutstetten bezog über den Bahnhof seine Rohstoffe. Wann immer der Monarch von München aus auf seinem Gutshof nach dem Rechten sehen wollte, stieg er am Bahnhof Mühltal aus.

Zu Beginn der Bahnverbindung München – Starnberg über das Mühltal im Jahr 1854 verkehrten täglich drei Züge, anfangs eingleisig, ab 1885 dann auf zwei Trassen. Rund 70 Jahre später wurde die Strecke elektrifiziert. Doch allmählich verblasst der Glanz der Vergangenheit. Heute befindet sich das Gebäude in Privatbesitz. Alle zwanzig Minuten rauschen die S-Bahnen in Richtung Starnberg vorbei an dem romantischen Bahnhof und seiner wechselvollen Geschichte.

Auf dem Bahnsteig Mühltal

*Das Studium der Glacialphänomene führt weit über die Grenzen hinaus, die ihm ursprünglich gestellt waren. Anfänglich der Erforschung einiger Lokalphänomene gewidmet, lehrte es einen immer größer werdenden Kreis von Tatsachen kennen, und führte schließlich zur endgültigen Konstatierung einer Eiszeit.*

Albrecht Penck, 1882
Privatdozent an der königl. bayerischen L. M. Universität München,
aus dem Buch: »Vergletscherung der Deutschen Alpen«

# Libellen – uralte Flugakrobaten

An Sommertagen findet man sie an sonnigen Plätzen und ruhigem Wasser: Dort tanken die farbenprächtigen Libellen Wärme auf und gehen auf die Jagd. Grüne, blaue und rote Vertreter schwirren über das Schilf und die dicht über dem Wasser hängenden Zweige der Bäume.

Wer die flüchtigen Insekten beobachten will, der muss Zeit mitbringen. Nur für kurze Augenblicke lassen sie sich nieder, um sich gleich darauf wieder in die Luft zu erheben. Doch wer Geduld aufbringt, der wird belohnt mit spektakulären Eindrücken von Tieren, deren Evolution schon vor mehr als 300 Millionen Jahren, im Karbon, begann.

Zu dieser Zeit streiften bereits die ersten Vorläufer der Insekten über die Erde. Diese werden als Palaeodictyoptera bezeichnet. Die Tiere hatten eine Flügelspannweite von bis zu 60 Zentimetern und lebten vermutlich in bewaldeten Gebieten, da ihre fossilen Überreste in der Steinkohle gefunden wurden. Vertreter der heutigen Libellen traten erstmals im Jura, vor 150 Millionen Jahren auf (kleines Foto). Seitdem hat sich ihr Körperbau kaum noch verändert.

Libellen sind Räuber, die ihre Beute im Flug fangen. Dazu nutzen die Tiere ihre Beine. Besonders auffällig ist ihr filigraner Flugapparat: Sie können ihre Flügelpaare unabhängig voneinander bewegen. Dieses Phänomen erlaubt es ihnen, abrupte Richtungsänderungen im Flug vorzunehmen oder in der Luft regelrecht stehenzubleiben. Einige Arten können sogar rückwärts fliegen. Der Flügelschlag dagegen ist mit 30 Schlägen pro Sekunde relativ langsam. Stabilisiert werden die Flügel selbst durch Längsadern, zwischen denen die Flugfläche zickzackförmig aufgespannt ist. Einige exotische Libellenarten weisen bis zu 19 Zentimeter Flügelspannweite auf. In Mitteleuropa sind die Tiere kleiner, aber auch hier erreichen sie erstaunliche Ausmaße.

# Kirchen und Kapellen

Wer nicht nur in der Natur Ruhe und Erholung sucht, der sollte die kleinen Kirchen und Kapellen aufsuchen, die es im Würmtal gibt. Sie bieten einen spannenden Abriss der Kirchengeschichte in der Region.

Wann das Würmtal zum ersten Mal als Kirchenstandort genutzt wurde, ist nicht genau belegt. Bei einigen Kirchen, etwa in Gräfelfing und Buchendorf, hat die Archäologie Reste von Vorgängern bis ins frühe Mittelalter nachgewiesen. Auch die bestehenden Bauwerke gehen noch größtenteils auf Romanik und Gotik zurück. Leutstetten dürfte einigen späteren Hofmarksherren Teile seiner kostbaren Ausstattung verdanken.

Das Kirchlein in Rieden erinnert dagegen an die jüngere Geschichte der Wittelsbacher, die den benachbarten Gutshof eine Weile besaßen. Für eine Tochter des späteren Königs Ludwig III., Prinzesin Mathilde, ließ man 1906 von Knut Ackerberg ein kunstvolles Marmorgrab anfertigen, das mitten in St. Peter und Paul Aufstellung fand.

St Alto, Leutstetten

# Drei geheimnisvolle Frauen

Von den Wittelsbachern wurde im 17. Jahrhundert auch die Verehrung der Jungfrauen Einbeth, Warbeth und Wilbeth gestattet. Die drei geheimnisvollen Damen empfangen den Besucher in der kleinen Kirche St. Alto in Leutstetten. An der rechten Wand des Gotteshauses hängt ihr Holztafelbild, das 1643 seine heutige Gestalt erhielt.

Ihren Ursprung könnten die drei Frauen schon lange vor Christi Geburt gehabt haben. Man vermutet, dass bereits die Kelten sie als Göttinnen verehrten und ihnen die Namen »Beten« gaben. Demnach wurde Einbeth als jungfräulich-mütterliche Erdgöttin, Warbeth als mütterliche Sonnengottheit und Wilbeth als Glücksgöttin und Mondfrau verehrt. Sie waren also wohl ursprünglich bäuerliche Göttinnen der Fruchtbarkeit und Ernte sowie Helferinnen gegen Krankheit, Viehseuche und Kindsnöte.

Im christlichen Glauben taucht die heilige Einbeth in der zweiten Hälfte des 12. Jahrhunderts in Straßburg auf. In der zweiten Hälfte des 14. Jahrhunderts treten ihr dann Warbeth und Wilbeth zur Seite. Der Ursprung der Namen ist unbekannt. Im 17. Jahrhundert entstand in Leutstetten die Einbettl-Kapelle, die allerdings um 1800 wieder aufgegeben wurde.

Heute nimmt man an, dass die drei Heiligen Jungfrauen zudem überall in Mitteleuropa und Großbritannien ihre Spuren in Orts- und Flurnamen hinterließen. Viele Ortsteile, in denen man ehemalige keltische Kultplätze der Beten vermutet, geben in ihren Namen einen Hinweis auf eine oder mehrere der drei Heiligen. Leutstetten ist ein Beispiel dafür. Dort heißt der südöstliche Ortsteil auch »Einbettl«.

Im Innern der Kirche von St. Alto, Leutstetten

# Farben

# Flug über die Würm

Langsam öffnen sich die schweren hölzernen Tore des Hangars auf dem Flugplatz Schleißheim, nördlich von München. Die Herbstsonne fällt in die große Halle, in der zahlreiche einmotorige Flugzeuge stehen. Eine dieser kleinen Maschinen soll mich wenige Minuten später in die Lüfte heben und über das Würmtal fliegen. Ich habe mir vorgenommen, auch ein paar Bilder aus der Vogelperspektive von der Region anzufertigen.

Ein etwas mulmiges Gefühl beschleicht mich beim Anblick der kleinen, rot-weißen Cessna. Die Reise dürfte eine ziemlich wackelige Angelegenheit werden. Die Maschine bietet gerade einmal zwei Menschen Platz. Doch sie hat einen unschlagbaren Vorteil: Man kann ein Fenster während des Fluges öffnen und nach draußen fotografieren.

Mutig schnalle ich mich auf dem Copilotensitz fest. Kurz darauf rollt die Cessna schon zur nur 80 Meter langen Startbahn. Ich bin erstaunt: Die Maschine braucht wenig mehr als die Hälfte des Weges, um vom Boden abzuheben. Und mein Erstaunen hält an. Es ist ein angenehmer Herbsttag, und die Cessna liegt ruhiger in der Luft als so manche große Verkehrsmaschine. Mit rund 150 Kilometer pro Stunde geht es Richtung Starnberger See, vorbei an München auf der östlichen Seite. Als hilfreiche Orientierung dient die S-Bahn-Trasse von Pasing nach Starnberg.

Schnell kommt die markante Reismühle bei Gauting in Sicht. Hier wage ich es zum ersten Mal, das Fenster zu öffnen. Kalte Luft schlägt mir entgegen, als ich die Kamera vor das Fenster halte. Doch das Gefühl zu fliegen und ohne Fenster nach draußen zu schauen ist überwältigend. Ich fotografiere die ganze Strecke zwischen Gauting und dem Starnberger See, meine Finger werden dabei klamm. Anschließend fliegt der Pilot über dem See eine Schleife und steuert wieder Richtung Norden. Jetzt habe ich den besten Blick auf das Leutstettener Moos, dessen Schilf rötlich schimmert. Dazwischen schlängelt sich die tiefblaue Würm. Da kommt schon wieder München in Sicht. Ich erhasche noch einen Blick auf die Innenstadt und den Olympiapark.

Dann setzt die Cessna nach einer engen Linkskurve über dem Schloss Schleißheim wieder zur Landung an. Die erste Bodenberührung ist weicher als bei großen Flugzeugen. Ein weiteres Mal haben mich die kleine Flugmaschine und ihr Pilot überrascht, genauso wie mich der Anblick des Würmtals von oben in seinen Bann gezogen hat.

Reismühle bei Gauting

Gegenüberliegende Seite:
Die Würm bei Leutstetten aus der Luft

*Das Phänomen der Temperaturabnahme zum Ende einer jeden geologischen Periode, könnte demnach gewissermaßen als analog der Erstarrung, welche bei dem Tod der Individuen eintritt, und die Temperaturerhöhung als parallel der Entwicklung einer eigentümlichen Wärme in den sich bildenden Wesen angesehen werden.*

Louis Agassiz, 1841
schweizerisch-amerikanischer Zoologe, Paläontologe und Geologe,
aus dem Buch »Untersuchungen über die Gletscher«

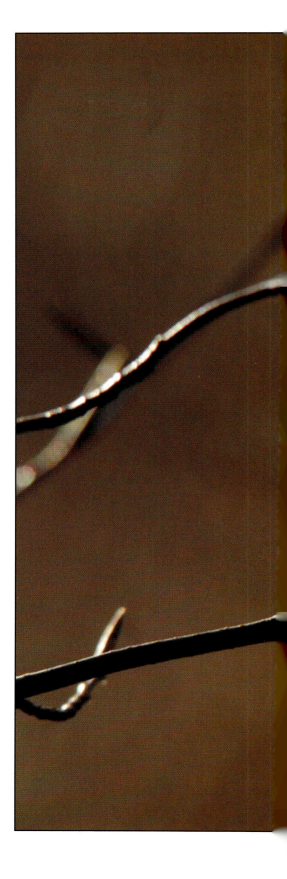

# Weiß

*Was immer die Bildung großer Eisdecken betrifft, so könnte man sie auf folgende Weise erklären. Als die Temperatur sank, strömte wahrscheinlich aller Wasserdunst aus den Aequatorialgegenden nach den Polargegenden hin, wo er sich unter der Form von Regen, Reif und Schnee niederschlug. Dadurch entstanden ungeheure Anhäufungen von Schnee und Eis, in den die damaligen Thiere und Pflanzen eingehüllt waren.*

Louis Agassiz, 1841
schweizerisch-amerikanischer Zoologe, Paläontologe und Geologe,
aus dem Buch »Untersuchungen über die Gletscher«

# Von der Quelle bis zur Mündung

Fast unberührte Natur umgibt die Würm auf Höhe ihres Abflusses vom Starnberger See, der sie mit Wasser speist. Doch unberührte Natur direkt an dem Gewässer ist die Ausnahme. Denn bis der Fluss rund 35 Kilometer weiter nördlich in die Amper mündet, hat das Wasser eine abwechslungsreiche Wegstrecke zurückgelegt, die stark vom Menschen geprägt ist.

Nach der Schilf- und Torflandschaft bei Starnberg und dem Würmtal bei Leutstetten passiert der Fluss kleinere Ortschaften wie Stockdorf, Krailling, Planegg und Gräfelfing. Dann erreicht die Würm die westlichen Ausläufer von München. Hinter Pasing wird dem Fluss Wasser abgezapft, um die Kanalanlagen des Nymphenburger Schlosses zu speisen. Anschließend erhält auch noch der Olympiapark das kühle Nass der Würm.

An der nördlichen Grenze von München wird wiederum ein Teil des Wassers umgeleitet in den Würmkanal. Dieser fließt weiter nach Schloss Schleißheim. Das restliche Wasser findet schließlich seinen Weg durch Dachau.

Nahezu die gesamte Wegstrecke der Würm ist von Siedlungen eng umgeben. Dass man an dem Ufer idyllisch wohnen kann, erkannten wohl schon die Menschen der Bronzezeit vor 4000 Jahren. Aus dieser Epoche stammen jedenfalls die ältesten archäologischen Funde bei Obermenzing.

Auf den letzten zwei Kilometern, kurz hinter Dachau, hat sich die Natur gegenüber dem Menschen dann wieder behauptet. In dem kleinen Naturschutzgebiet vor der Mündung der Würm in die Amper findet man ausgedehnte Felder, mächtigen Baumbestand und kleine Seitenarme des Flusses.

Winter am Starnberger See

An der Mündung der Würm in die Amper

# Epochen

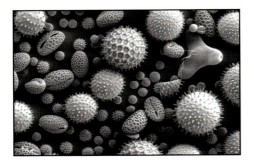  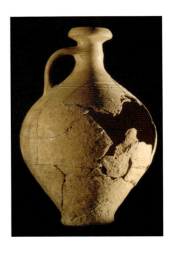

| | Die Eiszeit ist auf dem Höhepunkt; ab dieser Zeit wird es wärmer in Mitteleuropa, die Gletscher beginnen zu schmelzen | | Die nacheiszeitliche Vegetation breitet sich aus | | | | Die Römer erreichen die Würm, der Verkehrsknotenpunkt Gauting, »Bratananium«, gewinnt an Bedeutung |
|---|---|---|---|---|---|---|---|
| | | Der drastisch schmelzende Isarvorlandgletscher und sein nach Norden abfließendes Wasser formen das Würmtal und das Becken des heutigen Starnberger Sees | | | Hallstattzeit und Latenezeit (keltische Besiedelung) | | |
| Die Würmeiszeit hat begonnen, die Gletscher erobern das Voralpenland | | | | Spätbronzezeit | | Keltenschanze bei Buchendorf | |
| vor 115 000 Jahren | vor 20 000 Jahren | bis 10 000 v. Chr | bis 4000 v. Chr. | 1800 bis 1200 v. Chr. | um 1600 bis 15 v. Chr. | um 200 v. Chr. | 70 v. Chr. bis 350 n. Chr. |

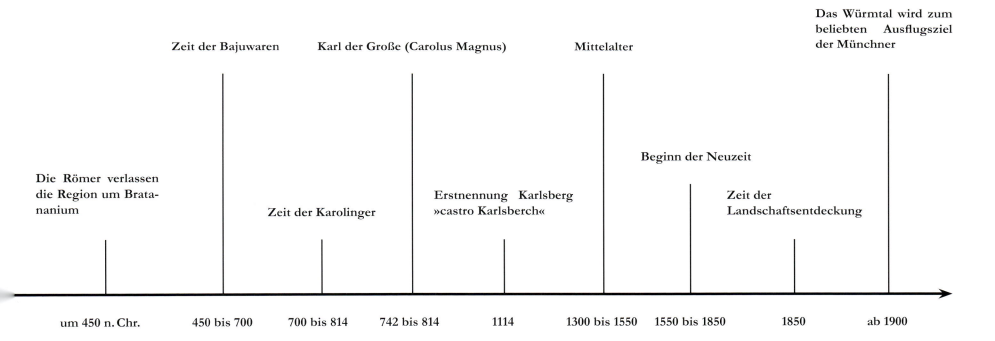

# Biographien

**Louis Agassiz (Jean Rudolphe)**
schweizerisch-amerikanischer Zoologe, Paläontologe und Geologe
geb. 1807 in Motier, Kant. Fribourg, Schweiz
gest. 1873 in Cambridge, USA

Louis Agassiz gilt als einer der ersten international renommierten Naturwissenschaftler der Vereinigten Staaten. Agassiz wurde als Sohn eines protestantischen Pastors in der Schweiz geboren. Mit dem Wunsch, Mediziner zu werden, studierte er in München und Heidelberg. 1829 promovierte er als Doktor der Philosophie in Erlangen.

Nachdem Agassiz nach Paris umgezogen war, förderten ihn Alexander von Humbold und Georges Cuvier. Die beiden berühmten Forscher ermutigten ihn, sich verstärkt der Zoologie zu widmen. Als Professor in Neuchatel studierte Agassiz vor allem fossile Fische, über die er schließlich eines seiner Hauptwerke schrieb, »Untersuchungen über die fossilen Fische« (1843). Gleichzeitig weckten die Gletscher der Schweiz seine Aufmerksamkeit. Agassiz nahm als einer der ersten Naturkundler an, dass die Erde zeitweise vereist gewesen sein muss. Darüber verfasste er zahlreiche Abhandlungen, unter anderem das Buch »Untersuchungen über die Gletscher« (1840). In diesem berichtet Agassiz auch von den oberbayerischen Alpen und der voralpinen Vergletscherung.

Im Jahr 1846 ging Agassiz nach Amerika. Dort lehrte er in Harvard und wurde zu einem der führenden Naturforscher seiner Zeit.

**Albrecht Penck**
deutscher Geograph und Geologe
geb. 1858 in Reudnitz bei Leipzig
gest. 1945 in Prag

Albrecht Penck kam als Sohn von Walther Penck in Reudnitz bei Leipzig zur Welt und trat in die Fußstapfen seines berühmten Vaters, der ebenfalls Naturwissenschaftler war.

Er begründete vor allem die Theorie der Glazialen Serie (von lat. »glacies« = Eis). Damit werden heute die typischen Landschaftsformen bezeichnet, die während der Kaltzeiten durch die Gletscher in genau definierter Abfolge entstanden. Penck bezog sich vor allem auf das nördliche Alpenvorland, das er akribisch erforschte. Er unterschied dabei zwischen den Landschaftsformen des Zungenbeckens mit der Grundmoräne, in der der Gletscher lag. Darauf folgten weiter nordwärts die Endmoräne und dann das davorliegende Schotterfeld. Am Starnberger See bis ins Würmtal und darüber hinaus lässt sich diese Abfolge der Landschaftsformen fast lehrbuchmäßig verfolgen.

Penck war von 1885 bis 1906 Universitätsprofessor in Wien. Zwischen 1906 und 1927 lehrte er in Berlin und war Rektor der Friedrich-Wilhelms-Universität (heute Humboldt-Universität). Penck widmete sich besonders der Geomorphologie, also der Beschaffenheit der Erdoberfläche. Aber auch die Klimatologie gehörte zu seinen Spezialgebieten. Ab 1928 unterrichtete er an der Deutschen Karl-Ferdinands-Universität in Prag. Zu seinen bedeutendsten Veröffentlichungen gehören »Die Vergletscherung der deutschen Alpen« (1882), »Morphologie der Erdoberfläche« (1894) und »Die Alpen im Eiszeitalter« (1909).

## Kameraausstattung:

**Kameras**
Nikon D 200
Nikon D 100

**Objektive:**
Nikkor 80 – 200mm, 1:2,8 D
Nikkor 70 – 180, 1:4,5 –5,6 D, Makro
Nikkor 12 – 24 mm, 1:4 G ED
Nikkor 10,5 mm, 1:2,8 G ED Fisheye
Sigma 300 mm, 1:2,8 D APO
Stativ Gizo

Alle Bilder entstanden zwischen 2006 und 2008.
Keine der Fotografien wurde nachträglich verändert.

# Danksagung

An dieser Stelle möchte ich mich für die wissenschaftliche Beratung bei Dr. Ludwig Braun von der Kommission für Glaziologie der Bayerischen Akademie der Wissenschaften bedanken. Er und sein Team standen mir bei der Beschreibung der glazialen Zusammenhänge beratend zur Seite.

Ein herzliches Dankeschön geht auch an Dr. Walter Irlinger vom Bayerischen Landesamt für Denkmalpflege, der bei Fragen rund um die Historie des Würmtals für Klarheit sorgte. Besondere Unterstützung erfuhr ich hier zudem von Dr. Michael Peters und Dr. Michael Schmid, die mir als Experten für Paläobotanik bzw. Kirchengeschichte zur Seite standen. Auch ihnen gilt mein Dank.

Unterstützt wurde ich ebenso von der Gesellschaft für Archäologie und Geschichte Oberes Würmtal e.V., deren Mitglieder mir den Zugang zu den römischen Fundstücken ermöglichten. Die Beiträge zur Römerzeit bereicherten auch Ines Gerhardt und Stefan Mühlemeier mit ihrem Fachwissen. Ebenso wie bei den beiden Archäologen bedanke ich mich bei Dr. Friedrich Kögel, der den Artikel über die Libellen mit seiner Sachkenntnis ergänzte.

Für die freundliche Bereitstellung des Bildes auf Seite 33 bedanke ich mich bei der Dartmouth Electron Microscope Facility. Zudem haben mir das Bayerische Landesamt für Vermessung und Geoinformation und die Österreichische Nationalbibliothek bei der Beschaffung der Karte von Philipp Apian und der Tabula Peutingeriana geholfen.

Bei der grafischen Gestaltung wurde ich von Herrn Uwe Eckhard unterstützt. Seine Anregungen haben mir beim Design sehr geholfen.

Redaktionelle Beratung erfuhr ich schließlich von Frau Dr. Eva Dempewolf, die sowohl die Texte kritisch unter die Lupe nahm als auch wertvolle Tipps zur grafischen Gestaltung beisteuerte. Für diese äußerst produktive Zusammenarbeit bedanke ich mich besonders herzlich.

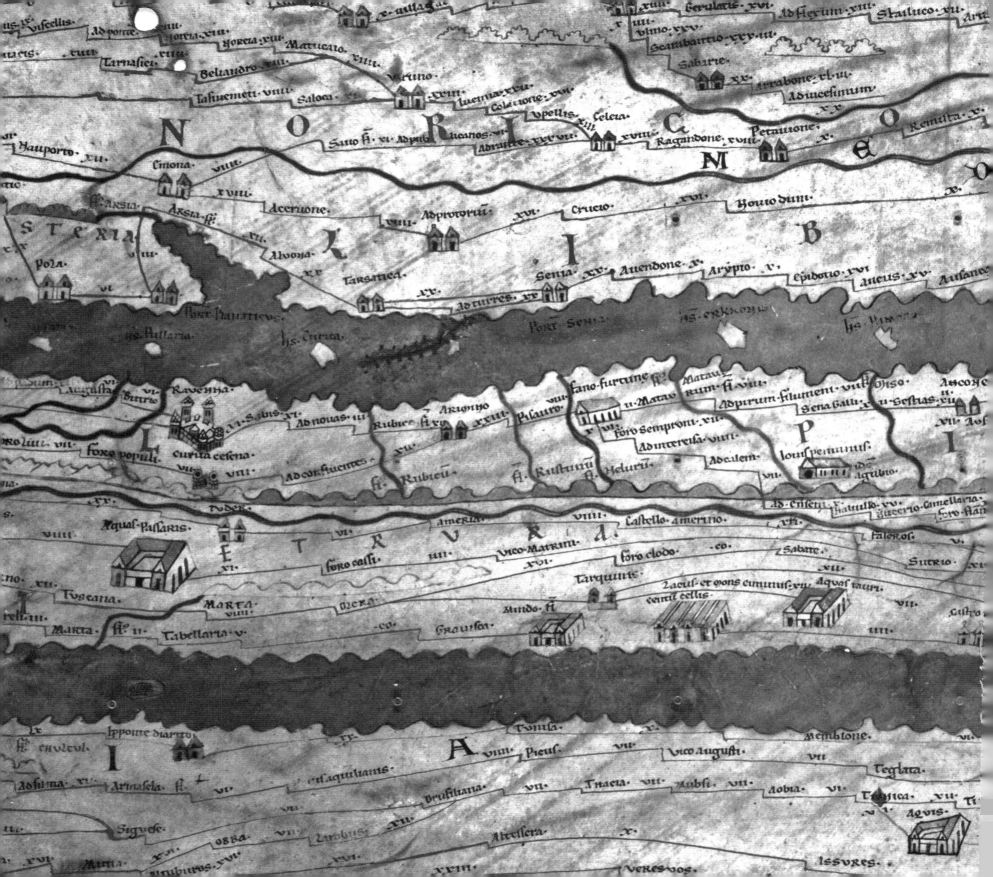